Quellennachweis

Texte S. 8, 26 und 34 aus: Hildegard von Bingen, Scivias – Wisse die Wege, hg. v. Walburga Storch OSB, Verlag Herder 1996.
Texte S. 10, 12, 20, 32 und 44 aus: Hildegard von Bingen, Der Mensch in der Verantwortung, Otto Müller Verlag 1986.
Texte S. 14, 16, 18 und 24 aus: Hildegard von Bingen, Das Buch der göttlichen Werke. Hovine-Verlag 1990.
Texte S. 22, 28 und 30 aus: Hildegard von Bingen, Heilwissen, hg. v. Manfred Pawlik, Verlag Herder 1997.
Texte S. 36, 38, 40 und 42 aus: Hildegard von Bingen, Worte lebendigen Lichts, hg. v. Otto Betz, Verlag Herder 1998.

Mitglied der Verlagsgruppe „engagement"

Bibliografische Information Der Deutschen Bibliothek
Die Deutsche Bibliothek verzeichnet diese Publikation in der Deutschen Nationalbibliografie; detaillierte bibliografische Daten sind im Internet über http://dnb.ddb.de abrufbar.

2007

Umschlaggestaltung: Tyrolia-Verlag, unter Verwendung eines Bildes von Peter Mertz
Layout und digitale Gestaltung: Tyrolia-Verlag
Lithografie: Athesia-Laserpoint, Innsbruck
Druck und Bindung: L.E.G.O., Vicenza
ISBN 978-3-7022-2822-4
E-Mail: buchverlag@tyrolia.at
Internet: www.tyrolia.at

Hildegard von Bingen

Kraftquellen für die Seele

Texte und Gedanken
ausgewählt von Brigitte Pregenzer
und Brigitte Schmidle

mit Bildern von Peter Mertz

Tyrolia-Verlag · Innsbruck-Wien

Hildegard von Bingen ist uns seit vielen Jahren eine wertvolle, lieb gewonnene Begleiterin, die mit ihrer ganzheitlichen Lehre einen festen Platz in unserem Alltag und in unserem Jahresablauf eingenommen hat. Die Beschäftigung mit ihren Schriften zieht selbstverständlich einen respektvollen Umgang mit der Natur, mit der Schöpfung nach sich. Ein Leben im Sinne Hildegards schärft die eigene Wahrnehmung und dies wiederum führt zu mehr Achtsamkeit und Bewusstheit.
Die Hildegardlehre ist lebensbejahend und macht Mut, sie stärkt die Lebensfreude und sorgt dafür, dass wir immer wieder in unser Maß und in unsere Mitte zurückfinden.

In den vielen Jahren, die wir nun nach dieser Lehre leben, durften wir viele bereichernde Erfahrungen machen. Sie sind alle in unsere Hildegard-Bücher eingeflossen. Nun haben wir es gewagt, die kraftvollen Originaltexte der hl. Hildegard ganz behutsam in eine moderne Sprache zu setzen. Wir waren dabei stets darauf bedacht, ihre Aussagen und ihren Stil zu bewahren.

Die Beschäftigung mit den Texten hat uns viel Freude gemacht. Wir wünschen auch Ihnen diese Freude, damit die Aussagen Hildegards auch für Sie eine Kraftquelle für die Seele werden.

Brigitte Pregenzer und Brigitte Schmidle

Vollbringt ein Mensch bewusst ein schlechtes Werk,
so ist das bitter für die Seele.
Es ist wie ein bewusst eingenommenes Gift für den Leib.
Über ein gutes Werk hingegen freut sich die Seele,
so wie sich der Leib an süßer Speise ergötzt.

Gott hat alles auf Erden so eingerichtet,
dass eins auf das andere Rücksicht nehme.
Je mehr einer vom anderen lernt,
desto mehr wachsen Wissen und Verständnis,
schließlich ist der Mensch nur mit Hilfe der Natur lebensfähig.

Die Weisheit ist ein Strahlen,
dessen Leuchtkraft alles auf der Welt unterscheidet.
Sie legt ihr Augenmerk tausendfach und unermüdlich
auf jeden Teil des Handelns, ohne je nachzulassen.
Sie ist die Nützlichkeit in Person.

Die Seele liebt in allen Dingen das rechte Maß. Wenn der Mensch ohne Maß isst oder trinkt oder irgendetwas anderes maßlos tut, werden die Kräfte der Seele gespalten. Daher achte er stets auf das richtige Maß.

Wie es dem Magen nichts nützt,
wenn er immer voll oder leer ist,
so schadet es auch der Seele, wenn der Leib
stets den Wünschen des Fleisches nachgibt.
Das schwächt die Seele und macht sie kraftlos.

Aus der Tugendkraft der wahren Liebe geht die feinste Ordnung hervor, die über allem leuchtet, alles enthält und alles fest zusammenhält.

Menschen, die sich ausschließlich irdischen Interessen hingeben, verfallen einer geistigen Verschlossenheit. Ihr Herz scheint wie mit Pech verklebt. Sie verlieren den Kontakt zum Zarten, zum Guten und zu Gott.

Wenn ein Mensch unter großer Traurigkeit leidet, soll er genügend von den Speisen essen, die ihm guttun.
So wird er wieder belebt.
Wenn er hingegen große Freude hat, soll er nur mäßig essen.

Da die Seele des Menschen von Gott stammt, sieht sie im Traum manchmal Wahres aus der Zukunft. Sie weiß in einem solchen Augenblick, was dem Menschen bevorsteht.

Päijän

Die göttliche Gnade erleuchtet den Menschen wie die Sonne, der Hauch des Heiligen Geistes betaut ihn wie der Regen und das jeweils richtige Maß erzeugt in ihm gute, reife Früchte.

Der Mensch hat vom Feuer die Sehkraft,
von der Luft das Gehör, vom Wasser die Beweglichkeit
und von der Erde seinen Gang.
Wenn die Elemente im Menschen geordnet wirken,
erhalten sie ihn und machen ihn gesund.

Die Elemente nehmen jede menschliche Eigenschaft in sich auf und schwingen, den Werken des Menschen folgend, mit. Handelt der Mensch kriegerisch, so versetzt er die Elemente in heftigste Bewegung und sie üben ihren Einfluss entsprechend aus.

Jedes Geschöpf kommt Gottes Gesetz entgegen.
Gott ist das höchste Gut und er gibt jeder guten Tat ihren Lohn.
Das sollte jeder Mensch wissen, der Gutes erreichen will.

Die Seele durchströmt den Körper
wie der Saft den Baum. Der Saft lässt den Baum grünen.
So bringt dieser Blüten hervor und trägt dann Frucht.

Seid wie der Tag, der vom niederfallenden Tau in der Frühe berührt und nachher zu sanfter Kühle gemildert wird. Unterscheidet und prüft alles und sorgt in rechter Weise für das, was für Euch und für andere gut ist.

Manche Männer sind, wenn sie ohne Frauen bleiben, ruhmlos wie ein Tag ohne Sonne.
In der Gemeinschaft mit Frauen aber sind sie fröhlich, wie ein klarer Tag es ist, an dem die Sonne lacht.

Das Gehirn ist die materielle Basis für Wissen, Weisheit und Vernunft des Menschen.
Die Gedanken selbst jedoch wohnen im Herzen und haben von dort eine süße oder eine bittere Stimmung.

Wenn der Mensch mit seinen bescheidenen Möglichkeiten einmal am Wirken ist, kann er es kaum aushalten, dass er zu Ende kommt, damit sein Werk von anderen bewundert wird. Er soll jedoch bedenken, wann ihm Bewunderung wirklich angemessen ist.

Die Liebe ist jener Lufthauch, der alles Grüne nährt
und die Blüten sprießen lässt mit ihren reifenden Früchten.
Und sie ist auch jener Regen, der aus dem Tau herweht
und zu einem fröhlichen Leben führt.